CHAROEY RAOUL
Avec Sandra Bensoussan

Et au bout du chemin, la vie !

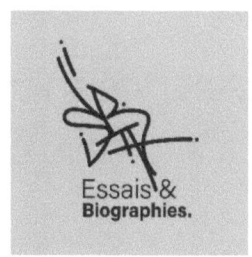

© 2024 CHAROEY RAOUL, Sandra Bensoussan
Édition : BoD · Books on Demand,
31 avenue Saint-Rémy, 57600 Forbach,
bod@bod.fr
Impression : Libri Plureos GmbH,
Friedensallee 273, 22763 Hamburg
(Allemagne)
ISBN : 978-2-3225-5931-2
Dépôt légal : Avril 2025

« Ce n'est pas assez de faire des pas qui doivent un jour conduire au but, chaque pas doit être lui-même un but en même temps qu'il nous porte en avant ».

Johann Wolfgang Goethe

A Anthony, mon mari qui me supporte et sans qui cette aventure n'aurait jamais pu voir le jour,

A mes deux filles, Jade et Maylee,

A la clinique de Zlin* et son équipe pour leur gentillesse et leur dévouement,

A Philippe et Anne de l'association « *Les Cigognes de l'espoir* ».

Sans eux, les enfants ne seraient pas là.

---

* https://www.ivf-zlin.fr/

AVANT-PROPOS

J'ai eu l'honneur d'être contactée un beau jour par Charoey, sur le réseau professionnel *Linkedin*. Elle était à la recherche d'un(e) prête-plume, pour l'accompagner dans l'écriture d'un livre retraçant son parcours de PMA, pour devenir enfin maman.

Nous avons immédiatement « accroché » toutes les deux.

Je suis devenue son oreille et sa plume et elle m'a confié sans fard les épreuves de sa vie, mais aussi ses moments emplis d'humour et de rire. Charoey a ainsi décidé de coucher sur le papier son parcours, pour faire connaître le processus de PMA, vulgariser les termes scientifiques et délivrer un message d'espoir à toutes celles – et tous ceux – qui rencontrent des difficultés à devenir maman – et papa –.

Charoey montre dans son livre que ce parcours du combattant peut en réalité fonctionner rapidement pour certains couples.

Vous découvrirez que rien n'est passé sous silence dans cet ouvrage sans filtre, émouvant drôle et empli d'anecdotes.

Lorsqu'elle apprend qu'elle va devoir traverser cette expérience de la PMA avec Anthony, son mari, Charoey s'est rapidement heurté à un manque d'information et a trouvé un nombre très limité de témoignages encourageants. C'est ainsi qu'elle a décidé d'offrir à ses lecteurs un récit optimiste, sans vouloir minimiser les bouleversements que cela représente.

Avec près de 150 000 tentatives par an en France, le parcours de PMA est, pour de nombreux couples, synonyme de parcours du combattant. Entre les multiples interlocuteurs, les examens, les traitements obligatoires et leurs cortèges d'impacts sur la vie quotidienne, il y a de quoi flancher ! Si le recours à l'assistance médicale à la procréation (AMP) s'est peu à peu démocratisé, la prise en charge demeure souvent abstraite pour les femmes et les hommes contraints de recourir à une médecine qui fascine mais qui peut être aussi source d'angoisse.

J'ai par ailleurs été très touchée par l'histoire de cette femme émouvante qui a vu le jour en Thaïlande et a été adoptée par un couple de Français.

Devenir mère pour Charoey a réveillé inconsciemment ses peurs et ses doutes quant à la maternité et la question de l'abandon.

Dans ce livre intense, s'entrecroisent toutes les questions liées à la vie.

Merci Charoey, pour cette belle rencontre et cette magnifique aventure tracée ensemble.

Sandra Bensoussan

Chapitre 1
Vous accompagner sur le chemin de l'espoir

« Même sans espoir, la lutte est encore un espoir ».

Romain Rolland

J'ai souhaité écrire un ouvrage qui relate mon parcours et mon cheminement vers la parentalité. J'avais très envie d'offrir mon témoignage sur le don d'ovocyte dont j'ai bénéficié. Je suis bénévole de l'association *Les cigognes de l'espoir*[*]. J'espère que le public appréciera ma démarche.

Je souhaite également à travers ce livre laisser une trace tangible de mon existence à mes enfants.

Comme plus d'une femme sur dix, je suis atteinte d'endométriose et d'adénomyose. Malgré des douleurs depuis mes premières menstruations, je n'ai été diagnostiquée que tardivement, à la suite d'un bilan d'infertilité.

---

[*] https://www.lescigognesdelespoir.com/

J'ai ensuite entamé un parcours de PMA que beaucoup de femmes vivent comme un tsunami émotionnel. Pour ma part, j'ai été détachée de toute émotion. Vous découvrirez au fil de pages pourquoi… Face au manque d'informations et de suivi proposés, j'ai écrit cet ouvrage pour aider tous les couples qui traversent les mêmes épreuves et les accompagner dans leur parcours de soin. Nous sommes toutes animées par le même désir : être un jour appelées « maman ».

Dans ce livre, j'ai ainsi décidé de me confier sans filtre et de témoigner à cœur ouvert des difficultés que j'ai dû affronter pour devenir mère, rôle que je joue désormais à plein temps grâce au parcours PMA mais aussi grâce au miracle de la vie.

Entre crises de larmes, fous rires, espoir et joie, vous allez découvrir mon histoire, mais aussi des conseils, des confidences et des anecdotes pour prendre soin de soi et de son couple pendant ce long chemin.

Il faut, en amont, se sentir bien prêt au cheminement que représente le don d'ovocytes ou de spermatozoïdes. Les parents ont le temps de s'y préparer puisqu'il peut se passer plusieurs mois, voire plusieurs années, entre le moment où ils apprennent qu'ils ne pourront pas utiliser leurs propres gènes et l'instant où ils pourront bénéficier d'un don. La plupart du temps, tout se passe bien mais il y a des exceptions et il ne faut pas prendre à la légère cette étape cruciale de préparation psychologique. Ce ne fut pas mon cas, mais j'ai bien conscience que beaucoup d'entre vous en ont besoin.

Il faut aussi se mettre en tête que l'échec fait partie du chemin. Un enfant tombe plusieurs fois avant d'apprendre à marcher. C'est la même chose pour la PMA.

Il existe toutefois de nombreux cas de femmes ayant eu recours au don d'ovocytes et qui sont tombées enceinte très rapidement. À la naissance de leur enfant, malheureusement, elles ont parfois du mal à s'investir dans cette relation toute neuve avec leur enfant. Tout se passe parfois trop vite. Il faut également en avoir conscience.

J'aimerais beaucoup qu'une fois que vous aurez refermé mon livre, vous puissiez parler ouvertement de la PMA, sans tabou ni crainte. C'est encore compliqué pour de nombreuses femmes (et hommes) de révéler son infertilité. Outre cette honte, la culpabilité et l'isolement et son cortège de maux apparaissent comme la suite logique d'un tel cheminement. Il faut plus que tout dédramatiser la chose, l'accepter, briser l'aspect protocolaire du chemin, et surtout, donner de l'espoir autour de soi en expliquant que tout est possible.

La PMA

La procréation médicalement assistée*, aussi appelée AMP (assistance médicale à la procréation – expression privilégiée par l'Agence de la biomédecine), désigne l'ensemble des techniques médicales permettant de concevoir un enfant lorsque la conception naturelle est difficile, voire impossible. Elle fait appel à différentes techniques :

- L'insémination artificielle du sperme du conjoint ou d'un tiers donneur ;
- La fécondation *in vitro* (FIV) d'ovules et de spermatozoïdes des conjoints ou de tiers donneurs afin d'obtenir des embryons qui seront ensuite implantés dans l'utérus de la femme ;
- L'accueil d'embryon qui consiste à transférer dans l'utérus d'une patiente les embryons provenant d'un couple (ou d'une femme) donneur qui les avaient fait congeler dans le cadre d'une FIV.

La loi du 2 août 2021 relative à la bioéthique a élargi la procréation médicalement assistée à toutes les femmes qui ont un projet parental, aux couples homosexuels comme aux célibataires. Le critère médical d'infertilité, qui conditionnait l'accès à la PMA, a donc été supprimé. Une femme a la possibilité de congeler ses ovocytes, sans motif médical, pour préserver la possibilité de devenir mère.

La loi autorise le recours à un double don de gamètes (ovocytes et spermatozoïdes). Les couples dont les deux membres sont stériles peuvent désormais avoir recours à la PMA.

La loi précise que l'accès à la PMA « *ne peut faire l'objet d'aucune différence de traitement, notamment au regard du statut matrimonial ou de l'orientation sexuelle des demandeurs* ». Les hommes et les femmes souhaitant bénéficier d'une PMA doivent cependant répondre à des conditions d'âge définies par un décret du 28 septembre 2021.

La loi institue un nouveau mode de filiation permettant la reconnaissance conjointe de l'enfant issu d'une PMA pour les couples de femmes. Par ailleurs, un nouveau droit est créé pour les enfants nés d'une PMA : le droit d'accès à des informations non identifiantes (âge, caractéristiques physiques...) et à l'identité du donneur à l'origine de leur conception.

*source : INSERM

Chapitre 2
Bangkok, la cité des anges où tout à commencé

> *« On ne s'arrache pas de l'enfance.*
> *Qu'elle ait été heureuse ou malheureuse ».*
>
> Louis Nucera

Je suis née le 2 septembre 1974, en Thaïlande, à Bangkok. J'ai été adoptée à l'âge de neuf mois par P. et C., un couple de Français qui sont devenus immédiatement mes parents. Je me prénommais initialement Charoey Porn. J'ai souhaité volontairement retirer la deuxième particule de mon nom, laquelle revêt une connotation qui me déplait. Charoey – Porn signifie *la grâce bénie,* en thaï ; je trouve cela ridicule et cela n'a pas grand sens pour moi, mais c'est mon prénom à l'état-civil.

J'ai été recueillie tout bébé par une doctoresse qui a créé la fondation *Pierra Vejjabul*. Cette fondation est très reconnue en Thaïlande. Elle porte le nom de l'une des premières femmes médecins de Thaïlande. Le docteur Pierra Vejjabul était une pionnière dans le domaine de la santé des femmes dans le pays.

La quête de mes racines

Je n'ai pu tisser aucun lien avec mes parents biologiques. A l'âge adulte, j'ai entamé des recherches via des tests ADN qui existent aux États-Unis. Ulysse avait raison. On revient toujours à Ithaque. J'ai ainsi appris que j'avais 80 % d'origine chinoise et 20 % de racines thaïs. J'étais fière de mes racines chinoises. Les Chinois sont réputés pour avoir la tête dure, ils sont également dotés de cette aptitude à accepter ce qui arrive, comme moi !

Je n'ai hélas pas retrouvé de famille proche.

J'ai même effectué la démarche de partir en Thaïlande en décembre 2004, mais je n'ai pas appris grand-chose de mes origines. Ce voyage n'était pas initialement une quête de mon identité, je venais en Thaïlande pour importer les méthodes asiatiques de réflexologie plantaire afin d'élargir ma palette de prestations au sein de mon activité professionnelle de digitopuncture, alors en difficulté. Je voulais sauver mon entreprise d'une fermeture.

La fondation Pierra Vejjabul à Bangkok

Outre le décalage horaire, j'étais très fatiguée par le voyage et suis arrivée sur-place 24 heures après mon départ. Il faisait une chaleur torride et moite. J'étais très attendue à la fondation, notamment par une femme qui m'aurait connue lorsque j'étais un nourrisson. J'ai bien senti que c'était un choc pour elle de me retrouver. Ce fut un moment intense en émotion, mais la femme ne parlait que le thaï. Ce fut difficile d'échanger, quarante ans après mon départ pour la France.

Je fus en tout cas touchée par tant de sollicitude ; j'avais apporté plein de bonbons pour les enfants qui vivaient à la fondation Pierra Vejjabul.

— Viens, on a quelque chose à te montrer, me dit-on.

On me présente un registre et l'on pointe du doigt mon nom écrit en lettres épaisses. Je crois comprendre que j'existe officiellement…

En revanche, je ne trouve pas d'information sur mes parents ni pourquoi on m'avait laissé. C'est un sujet fondamentalement tabou.

Secret défense

J'ai vite saisi que les services d'adoption ne disposaient d'aucune information propre à être divulguée. Avec le recul, je comprends que ce silence était volontaire. L'omerta sur mes parents biologiques cache probablement des choses que je ne saurai jamais. Je suis face à un mur.

Je n'ai aucune certitude concernant mes parents biologiques. Mon certificat de naissance ne fait aucune mention précise de leur identité, ni de l'heure de ma naissance.

***

Maman m'avait proposé de m'accompagner en Thaïlande, mais j'ai préféré m'y rendre seule en 2004 pour la première fois depuis mon arrivée en France.

Je séjourne à Bangkok, chez un couple que mes parents ont connu lors de mon adoption. Maya, la jeune femme s'était occupée de moi lorsque j'étais bébé à l'orphelinat. Mes parents l'ont aidée pour qu'elle puisse organiser un beau mariage.

J'étais initialement venue prendre des cours de réflexologie plantaire et importer cette méthode en France, au sein de ma société créée en 2001, avant d'entamer mes recherches dans le pays.

Je suis contente de revoir Maya. Un lien s'est noué spontanément entre nous deux et nous avons par la suite maintenu un contact.

Les cours de réflexologie à l'école Nuad Thaï School sont dispensés en anglais, c'est un peu compliqué pour moi !

***

Le fait d'entendre les mots apaisants de Maya et de revoir les femmes de l'orphelinat me procure un choc émotionnel. Je me dis que j'étais dans ses bras lorsque j'étais toute petite ! Il y avait du monde à l'orphelinat qui m'attendait, impatient de faire ma connaissance.

C'est ainsi que mes nerfs ont lâché, je me suis laissé faire ; une personne d'un certain âge m'a pris la main et demandé si elle pouvait me toucher le visage.

Habituellement, on ne touche pas le visage de l'Autre en Thaïlande, pour des raisons de respect.

On incline la tête pour se saluer, et l'on rapproche ses mains.

J'ai ainsi découvert ce lieu, même s'il ne s'agit pas de l'orphelinat d'origine, lequel est devenu un hôtel.

En y réfléchissant, je comprends que la situation était peut-être dramatique pour la jeune fille qui m'a donné naissance et l'orphelinat pourrait l'avoir protégée.

La doctoresse qui m'a recueillie connaît mon histoire mais malheureusement je n'ai pas pu la rencontrer lors de mon séjour à Bangkok. Elle est décédée depuis quelques années.

***

Je séjourne pendant douze jours à Bangkok, je suis dans mon élément même si je souffre de la chaleur. Nous sommes en décembre et il fait 30 degrés. Je me sens bien toute seule et j'apprécie tellement la nourriture asiatique ! Je mange toute la journée. Il y a un choix gigantesque dans toute la ville : le riz, les nems, les vermicelles, la viande. J'aime la façon dont la nourriture est cuisinée ; même si je n'apprécie pas trop le piment, j'en mange à petite quantité.

Mes repas sont en libre-service ici ! Quel pied. Je me livre à une petite boulimie.

***

Détective pour percer les mystères autour de mes racines

Je ne m'avoue jamais vaincue.

Pour aller plus loin, je décide dès lors d'embaucher quelques années plus tard un détective privé. Mais il n'en ressortira rien de probant. Je vais devoir m'y faire et accepter de ne pas savoir, de ne pas mettre un nom et un visage sur la femme qui m'a donné la vie ainsi que mon père biologique.

Je contacte dès lors le Conseil National pour l'Accès aux Origines Personnelles (CNAOP) qui m'indique que si je n'arrive pas à obtenir des informations c'est probablement parce que les archives ont été détruites.

Je tente de contacter l'hôpital principal de Bangkok. En vain.

Je me dis que cela fait partie de la vie…

En France, je suis adoptée par un couple français qui vit en région parisienne. A cette époque, tous deux construisaient une maison de campagne en Eure-et-Loir.

J'ai des bribes de mon parcours ; mon premier souvenir remonte à l'orphelinat, dans mon berceau, et j'ai le souvenir d'une femme élancée, tirée à quatre épingles qui passe avec un homme devant la baie vitrée de l'orphelinat. Je suis encore un bébé mais l'image de cette femme qui m'observe intensément est ancrée en moi, ce sont des flashs ; à moins que ce soit ma mère qui me l'ait raconté…

Je quitte ainsi mon berceau et suis accueillie par des bras chaleureux, ceux qui deviendront officiellement mes parents.

Chapitre 3
Les bancs de l'école

*« A la petite école d'hier que j'ai fréquentée,
je n'ai rien appris, mais je le savais par cœur ».*

Albert Brie

Jalousée et peu appréciée

L'école n'est pas un moment de plaisir pour moi ! De la maternelle au lycée, je suis jalousée par mes petites camarades parce que mes parents étaient des chefs d'entreprise qui avaient une situation financière confortable et de l'influence. L'argent crée des convoitises et de l'agressivité. De fait, je ne me suis pas fait d'ami(e) s, je me suis sentie seule parfois.

Je suis élevée avec ma sœur, dans une très grande maison entourée d'un grand jardin, dans un village rural situé quelque part dans le Perche (28).

En face de la maison, sur la colline d'en face se trouve le château Saint Jean, un ancien château fort situé au sommet du plateau dominant la large vallée de l'Huisne, en surplomb des routes de Chartres au Mans et de Châteaudun à Bellême.

Je dois dire que j'ai été très gâtée dans mon enfance ; je n'ai jamais manqué de rien. Beaucoup de gens rêvaient de venir travailler dans l'entreprise de mes parents, une société de télécommunications qui installait notamment des radômes et des pylones.

Papa voyageait très souvent à l'étranger. Il partait durant des semaines entières, c'était difficile de nouer un lien pérenne avec lui. Maman gérait tout sur le plan financier à la maison. Elle tenait d'une main de fer les cordons de la bourse, la famille, papa et l'entreprise !

Bourgeoise

Je suis considéré comme *une bourgeoise* par mes camarades ; cela n'était pas très agréable à entendre, je me sentais différente, mise au ban. J'ai tout appris seule, en bonne autodidacte.

***

Parfois, mes copines viennent toutefois partager mon goûter d'anniversaire à la maison, cela me fait plaisir.

J'ai également des enseignantes bienveillantes ; je me souviens de Madame R. qui me sourit souvent et se montre à mon écoute.

Son fils est devenu mon professeur de tennis. Un jour j'ai pris mon courage à deux mains pour aller lui parler après un cours de tennis :

— J'ai eu votre maman lorsque j'étais en CP !
— Ah, très bien !

J'étais raide dingue de ce jeune homme, blond aux yeux bleus. Je me suis souvent sentie attirée par ce type d'homme, tellement différent de mon physique !

En classe de CM2, Madame B. est mon enseignante, je l'apprécie beaucoup et la vois régulièrement lorsque je suis au collège. Je viens régulièrement la saluer à la fin de mes cours. Son mari est professeur d'EPS dans le même collège.

Première en partant de la fin !

Je ne brille pas par mes résultats scolaires et suis classée la dernière de la classe. J'ai en outre des difficultés d'audition et suis appareillée. Cela ne simplifie pas la donne…

Je n'ai pas vraiment été soutenue par mes parents face à mes difficultés scolaires. Maman disait même que je ne faisais rien en classe…

Nous étions très fusionnelles maman et moi. Sans doute trop. Au fil du temps, notre relation est même devenue toxique. J'avais la sensation d'étouffer, parce qu'elle voulait diriger ma vie de jeune fille, puis de femme.

Elle était très à cheval sur mes fréquentations et mettait un point d'honneur à ce que je côtoie des personnes d'un bon niveau social qui pourraient m'élever sur l'échiquier social.

Maman était toutefois en adoration pour moi, j'étais indéniablement la prunelle de ses yeux.

Ma sœur s'occupait beaucoup de moi. Nous avons toutes deux dix années d'écart.

Chapitre 4
Maman

« A une maman on ne ment pas.
Elle lit notre âme comme en elle-même ».

Jean Gastaldi

Un jour, j'ai découvert un secret de famille : la perte d'un enfant.
Ce fut le drame de sa vie. Je suis arrivée dans le foyer de mes parents quelques années après ce drame.

Maman s'est accrochée à moi comme à une bouée de sauvetage.

Papa et maman étaient par ailleurs très accaparés par leur travail. Ils ne pouvaient pas m'offrir beaucoup d'attention. A un moment, ils ont dû déployer toute leur énergie pour sauver leur entreprise. Maman m'avait prévenue, je ne l'ai pas mal pris…

***

Je suis d'un naturel très indépendant, c'est lié à mon histoire. Bébé, j'ai dû me battre pour survivre.

Si je ne quittais pas la Thaïlande je n'aurais pas survécu. Lorsque mes parents sont venus me chercher en Asie, une doctoresse a fait affréter un avion d'Air France via l'Unicef. Je souffrais de pleurésie ; je ne tenais pas debout. Les équipes médicales ont dit : « il faut sortir la petite du pays en urgence ».

Une fois atterrie en France, sur le tarmac, à Orly, j'ai été transférée à l'hôpital Saint-Vincent-de-Paul, via une ambulance.

Ils m'ont sauvée. J'ai pu marcher.

Depuis ce moment-là, j'ai la sensation d'être en mode survie tout le temps. Je suis boulimique de projets, mais également manichéenne : tout est noir ou blanc ! J'ai les idées bien arrêtées et ai conscience d'être un peu pénible parfois !

Je rêvais de devenir avocate ou hôtesse de l'air. J'ai passé une capacité de droit par correspondance.

Mais en parallèle de mes études, maman exerçait une grande emprise affective sur moi. Je ne pouvais pas fréquenter les amis de mon choix ou alors, je me cachais… Je finissais souvent par être prise la main dans le sac ! Tout se sait dans un petit village. Parfois, je dissimulais la vérité pour éviter des remarques désobligeantes du style : « C'est pas comme ça que je t'ai appris à ranger tes affaires ! ». Même adulte, elle s'immisçait en permanence dans ma vie. De temps en temps, je rangeais au mieux avant qu'elle n'arrive afin d'éviter tout commentaire !

***

Lorsque je pénètre dans une pièce emplie de monde, je sens tous les regards peser sur moi, comme si j'étais habitée par une aura. Ma grand-mère me disait souvent : « tu as beau t'habiller avec un chiffon, tu seras toujours distinguée ! ».

Papa est obnubilé par son travail, je le vois le matin, le soir et le week-end, après l'école. Le bus me dépose juste à côté de l'entreprise de mes parents : maman me ramène le soir en voiture, à la maison.

Travail, travail, travail : voilà le triptyque ambitieux qui guident les pas de la famille. Maman est dotée d'une très forte personnalité. Il est très difficile de trouver sa place face à elle.

Au moment où je rédige ces lignes, maman nous a quittés il y a dix ans, fauchée par un cancer.

Cela ne l'a pas empêchée de tout vouloir gérer, et ce, jusqu'à son dernier souffle.

Papa avait pris soin de tout préparer pour gérer au mieux ses derniers instants, mais elle trouvait encore le moyen de râler !

Ce jour-là, pour la première fois de ma vie, j'ai osé lui dire « Stop ! » et lui ai demandé de bien vouloir tempérer ses ardeurs. J'ai osé faire face à ma mère à 40 ans !

Le lendemain, maman est décédée.

Un autre membre de la famille a pris une grande place dans mon cœur. C'est Léontine, ma grand-mère. Elle est morte il y a quelques années, à l'âge de 108 ans. C'était ma confidente.

Mes grands-parents ont vécu la guerre, ma grand-mère a tout perdu pendant cette période : son petit garage a été réquisitionné par les Allemands, mais ils sont parvenus à tout reconstruire au sortir de la guerre.

Léontine avait conscience que sa fille dirigeait un peu trop ma vie, elle haussait parfois le ton et se fâchait avec maman pour tenter de me défendre.

Je me suis souvent sentie écrasée par l'amour de maman ; je sais que ça n'était pas pour me nuire. J'ai appris à l'accepter mais je n'ai pas su gérer mes émotions, c'est encore le cas aujourd'hui.

Chapitre 5
Les valeurs familiales

« Seul l'arbre qui a subi les assauts du vent est vraiment vigoureux, car c'est dans cette lutte que ses racines, mises à l'épreuve, se fortifient ».

Sénèque

Maman a choisi d'être incinérée. Ses cendres se trouvent dans un caveau, en région parisienne au sein de la concession familiale.

Nous avons peu de famille qui nous entoure ; maman était fille unique et papa a deux sœurs et un frère que nous voyons rarement. Ma sœur et moi étions proches lorsque nous étions jeunes jusqu'au clash familial. J'avais 13 ans.

La famille a volé en éclats et tous mes repères avec.

Cela ne m'empêche pas de poser un regard optimiste et réaliste sur la vie et le futur !

Niveau social

Mes parents étaient très autoritaires, mais ils avaient le mérite de mener leur barque d'une main de maître. J'aimais leur franchise par-dessus tout.

Et j'en ai hérité !

Papa et maman disaient tout haut ce que les moins courageux pensaient tout bas. Ils avaient la dignité de dire les choses en face, parfois sans filtre. Mais mes parents étaient dotés d'un grand cœur. C'est ainsi qu'ils mont élevée.

S'élever

Ils étaient présents lorsque j'avais besoin d'eux.

Mais ils avaient une éducation « bourgeoise » avec des valeurs bien ancrées pour m'élever dans la société, tout en restant humble. C'était leur crédo.

Comme je l'ai dit précédemment, ils souhaitent plus que tout au monde que je côtoie des personnes d'une certaine frange de la société lesquels seraient à même de me tirer vers le haut.

La question de l'adoption

Mon adoption n'a jamais constitué un sujet tabou entre nous. Mes parents m'en ont parlé ouvertement dès que j'ai été en âge de comprendre.

Maman m'a dit un jour :

— Si tu le souhaites, on partira un jour en Thaïlande pour que tu comprennes d'où tu viens et comment tu as été adoptée.

J'ai hoché la tête en guise d'approbation. Mais nous n'avons pas approfondi le sujet à cette époque.

J'étais encore très jeune et ce sujet ne m'intéressait guère, en tout cas pas consciemment !

Je n'avais pas particulièrement envie de découvrir mes origines. Je me sentais bien dans mes baskets et me sentais française, absolument pas « jaune » !

Puis, les années ont passé, le besoin de savoir d'où je venais s'est fait plus pressant. J'ai effectué des tests ADN il y a près de dix ans. Ces tests sont interdits en France, mais sont en libre accès via internet. La France n'autorise pas le libre accès aux tests ADN afin de faire barrière aux vols ou à la revente des données récoltées pour les analyses. Dans l'hexagone, un test génétique ne peut être réalisé que sur demande du tribunal dans le cadre, par exemple, d'une recherche de paternité, ou à des fins médicales ou de recherche scientifique.

Râleuse

Je cache mon hypersensibilité avec une carapace de *râleuse*. J'ai une grande bouche mais un vrai cœur de guimauve au fond.

Chapitre 6
Roissy-Charles de Gaulle, je prends mon envol

« Parfois, lorsque je suis en avion au-dessus des Alpes, je me dis : ça ressemble à toute la cocaïne que j'ai sniffée ».

Elton John

Lycéenne

Mes années de lycée sont compliquées à vivre. Je me sens mal psychiquement et ne suis pas soutenue, de surcroît, par mes camarades. Fidèle à mes habitudes, je me classe dernière de la classe ! Je rencontre des difficultés scolaires qui sont exacerbées par mes problèmes d'audition. Je me sens frustrée de devoir porter un appareil auditif.

J'ai toutefois la chance de tomber amoureuse. Mais maman s'est mêlée de ma relation et nous avons dû nous séparer.

J'ai vingt ans en classe de terminale, ayant redoublé plusieurs classes. Mon petit ami de l'époque a poursuivi quant à lui de grandes études dans le Calvados. C'est un garçon brillant dans ses études et ayant réussi professionnellement. Ce jeune homme était doté d'une grande empathie. C'était une épaule solide et une oreille attentive pour moi. Nous avons vécu une très belle histoire d'amour teintée de douceur, de compréhension et d'acceptation.

Maman a déployé toute son énergie pour que notre relation dysfonctionne, parce qu'il ne représentait pas le garçon idéal, socialement élevé.

Tout au long de mon existence, j'ai commis l'erreur d'axer mes relations – amicales ou amoureuses – en fonction de mes convictions sociétales et politiques. Je suis forgée ainsi, je ne peux pas lutter !

Le bac

Je me présente à l'épreuve du baccalauréat, au lycée Saint-Dominique à Saint-Herblain (44) et adresse au ciel des suppliques muettes, mais je me suis rétamée et je ne suis pas allée au rattrapage. Nous sommes en 1994 ; maman n'était vraiment pas ravie de cet échec. Me reprochant de ne pas avoir suffisamment travaillé.

J'étais déçue, mais, comme à mon habitude, je me suis relevée rapidement.

Les saisons

Je me suis vite mise au travail. J'ai tout d'abord effectué des saisons, dans une résidence de tourisme, la résidence Pamplemousse située dans le secteur paisible du golf en face de chez mes parents en Vendée. J'ai été réceptionniste pendant deux mois.

La chef de réception que j'aimais beaucoup m'a formée, elle était bienveillante.

Puis, en plein cœur de la saison je rencontre un client qui est avocat de métier, je lui fais part de mon rêve de travailler dans un aéroport. J'adore observer les avions décoller et atterrir, cela me fait rêver. L'homme me dit alors :

— Donnez-moi votre CV, j'ai un bon contact dans une entreprise de sûreté aéroportuaire à Roissy Charles de Gaulle qui s'occupe de réguler les flux des voyageurs et la sécurité au niveau des bagages.

— Oui, avec joie !

Je saute sur à l'occasion.

Lorsque j'achève ma saison à la résidence Pamplemousse, l'aimable client respecte sa promesse et transmet durant son séjour mon CV à son contact.

Je suis très rapidement convoquée à Paris, dans la zone de Roissy. L'entretien d'embauche se passe à merveille. Mes parents me conduisent au rendez-vous qui a lieu dans la matinée. Je suis reçue par le patron. Nos discussions sont fluides.

Il semble m'apprécier :

— « Je vous embauche ! Vous commencez lundi ! »

Joie ! Je suis acceptée pour un CDI, assorti d'un mois d'essai.

Nous rencontrons très rapidement des agences immobilières. Par chance, un appartement vient tout juste de se libérer près de Roissy Charles de Gaulle, à Saint-Witz, une commune située dans le Val-d'Oise. Je bénéficie d'un accès direct à l'aéroport Charles-de-Gaulle.

Toutes les conditions sont réunies pour ouvrir un nouveau chapitre de ma vie.

Nous signons le bail dans la foulée ; il nous a fallu dès lors emprunter les 500 kilomètres de route en sens inverse, pour que je puisse récupérer mes affaires. Et refaire les bagages.

Nous repartons le lendemain en direction de Paris.

Je trouve très rapidement mes marques dans ce nouveau boulot. Je m'éclate littéralement !

Je ressens une sensation extraordinaire lorsque j'aperçois les avions ouvrir leurs ailes… Il y a probablement un lien avec mon envie d'ailleurs.

Mes parents ne sont plus à mes côtés, je suis enfin l'électron libre que je rêvais d'être.

Mon emploi du temps est assez chargé. Je termine ma journée à 22 heures et travaille le samedi et le dimanche.

J'apprécie beaucoup de me balader dans la zone qui jouxte l'aéroport. Il y a un grand centre commercial ; j'en profite pour faire du lèche-vitrines. En 1997, j'obtiens mon premier téléphone portable chez Bouygues Télécom. C'est une révolution, je fais partie des premières personnes à posséder ce minuscule téléphone.

Je me sens bien et en sécurité. J'officie dans l'entreprise pendant une année complète, soit jusqu'en 1998.

À l'issue de cette jolie année, je décide toutefois de démissionner de mon poste pour suivre mon conjoint de l'époque, en Vendée. Mon compagnon Jean-Marc travaillait à Saint-Jean-de-Monts, il conduisait des petits trains touristiques ; je lui avais prêté main forte pour monter sa propre société et se mettre à son compte. Nous avons vécu une belle histoire avec ses hauts et ses bas. Au moment où j'écris ses lignes, nous sommes toujours en contact malgré notre séparation il y a plus de 20 ans. Une amitié s'est tissée avec son épouse Christel. Mon époux s'entend très bien avec le couple.

À cette période, je me sens assez mal psychologiquement, mes parents ne voient pas mon compagnon d'un très bon œil : il a douze ans de plus que moi et sa famille n'est pas du même niveau social que la mienne. Toujours la même rengaine.

***

Je me promets de trouver un nouvel emploi très vite et mets mes engagements à exécution.

Je m'empare du bottin, m'installe dans ma voiture pour aller déposer mon CV aux entreprises qui m'inspirent.

Le notariat

Je décroche très vite un nouvel emploi au sein d'un office notarial à Saint-Jean-de-Monts. L'homme qui dirige l'étude deviendra par la suite notre notaire de famille. Je bénéficie d'un CDD pendant une année ; il s'agit d'un remplacement de congé maternité. Je suis chargée d'accueillir les clients et de constituer les dossiers pour les ventes, les achats et les successions.

Je récupère également l'ensemble des pièces nécessaires au montage des dossiers notariaux et me familiarise avec le logiciel réservé à la profession, une solution complète destinées à favoriser le travail des notaires et à générer les actes aisément.

C'est ainsi que je découvre avec avidité le notariat et me passionne rapidement pour le sujet. J'apprends vite et retiens les notions juridiques fondamentales à l'exercice de ce métier.

Tout ce qui a trait au domaine du droit suscite mon intérêt.

J'ai ainsi pu assister mes parents lorsqu'ils ont vendu leur appartement.

Je suis heureuse d'avoir pu les conseiller efficacement.

A cette époque, je suis retournée vivre chez mes parents. J'ai 21 ans. Mes relations avec maman demeurent complexes.

Je ne suis pas la personne que je rêvais de devenir, j'aimerais m'extirper de ma géographie. Je me sens mal dans ma peau et parfois, la tristesse m'envahit. Rien de plus humain, me direz-vous. Mais je dois lutter contre les tendances négatives qui tiennent le haut du pavé.

De surcroît, je suis épiée, surveillée en permanence par ma mère, ce qui rend l'ambiance anxiogène.

Pour pallier cela, je me cache afin de pouvoir faire ce que je veux !

Mais je suis souvent prise la main dans le sac : « Tiens, j'ai vu ta fille à tel endroit hier », entendait-elle souvent. De fait, maman est au courant du moindre de mes faits et gestes ! C'est pesant psychologiquement pour la jeune femme que je suis.

Même lorsque j'ai déménagé plus tard ; en Loire-Atlantique, elle continuait de me murmurer : « Tu sais, Charoey, les murs ont des oreilles ! ».

Avec le recul, j'ai compris que son comportement n'était empreint d'aucune malveillance ; c'était sa façon bien à elle de protéger sa fille en m'étouffant. Mais je continue de penser que j'aurais dû davantage m'affirmer en tant que femme, pour faire respecter qui j'étais.

Ce fardeau, je le sens encore très fort, mais j'avance à ma façon avec conviction ! Lorsque j'étais jeune, j'étais un peu dans un mode de pensée bisounours, je ne voyais pas le mal.

Je me suis forgé une carapace au cours des années pour me protéger afin de ne pas souffrir.

Je vis aujourd'hui dans la cité portuaire, située au nord de l'estuaire de la Loire et au sud de la façade maritime de la Bretagne. Les Chantiers de l'Atlantique de Saint-Nazaire constituent l'un des plus grands sites du monde à construire des grands navires de plus de 300 mètres. Ainsi, un l'un des plus gros paquebots au monde actuel, le *Wonder of the Seas*, et l'un des plus longs, le *Harmony of the Seas*, ont été construits ici.

Historiquement, c'est une ville qui a été bombardée en 1942 durant la Seconde Guerre Mondiale par voie aérienne et qui s'est reconstruite petit à petit. Des années plus tard, la ville a conservé les traces de son passé.

Chapitre 7
Mysticisme

*« Il y a quelque chose de plus fort que la mort.
C'est la présence des absents dans la mémoire des vivants ».*

Jean d'Ormesson

Mon appartement est un petit cocon chaleureux où je me sens bien et en sécurité. Je me sens fière d'avoir acquis mon autonomie. Maman était ambitieuse pour moi, elle m'a toujours conseillé de devenir indépendante et de ne jamais compter financièrement sur un homme. C'était très important à ses yeux. Elle avait entièrement raison !

C'était une main de fer dans un gant de velours… J'ai hérité de son caractère bien trempé.

J'ai créé par la suite ma propre société en 2001. Maman et moi nous nous sommes associées.

C'est très louable de souhaiter le bien de son enfant, mais il faut veiller à ne pas être intrusif. J'ai beaucoup souffert de l'immixtion permanente de ma mère.

Je souhaite ardemment faire passer ce message à travers ce livre. Il faut être vigilant sur ce point car l'impact d'un tel comportement peut être très lourd.

Maman est partie à l'âge de 74 ans, fauchée par un cancer du sein, elle avait des métastases infiltrées dans les os.

Je ne suis pas croyante, mais je crois en la présence des défunts parmi les vivants.

J'ai vécu l'expérience de mes propres yeux : j'ai vu le visage de maman, à la maison, juste après son décès, sur le plafond de ma chambre.

Maman m'a dit : « tu vas y arriver, tu vas y arriver… ». Puis, elle a disparu. J'étais sidérée…

« A quoi vais-je arriver ? », me suis-je demandé.

Mon dossier d'agrément pour une adoption venait tout juste d'être refusé…

J'ai fait le rapprochement avec mon parcours PMA *a posteriori*. Je n'ai pas senti la présence de maman au moment de mon accouchement, en revanche, Jade, l'une de mes filles m'a décrit précisément maman lorsqu'elle avait quatre ou cinq ans. Une nuit, elle fait un cauchemar et me dit :

— Maman, j'ai vu une dame !
— Comment était-elle ? Peux-tu me la décrire ?
— Oui, elle a les yeux verts et des cheveux rouges avec des ongles rouges.

Pas de doute c'était maman…

Le matin qui a suivi cette nuit ubuesque j'ai déposé mes enfants à l'école et suis retournée dans la chambre de mes filles pour m'adresser à maman :

— Écoute maman, ta présence nocturne perturbe le sommeil de mes filles, arrête s'il te plaît de venir la nuit.

À la suite de cette épisode, maman est partie et Jade ne m'en a plus jamais reparlé.

A une autre période, sur le fond d'écran de l'ordinateur de mon époux, j'ai vu apparaître la plante de la sépulture de maman, j'ai senti que maman était là, tout près de moi. J'ai déposé la plante de la sépulture dans la salle de bain à l'étage.

La fenêtre était fermée, il y avait pourtant un courant d'air, j'ai vu les feuilles de ma plante bouger comme s'il y avait eu un brin d'air et j'ai senti les fragrances de son parfum Shalimar qu'elle portait au quotidien. C'était impressionnant.

Parfois, je l'aperçois aussi dans mes rêves, je me trouve dans une prairie et suis assise sur un banc lorsque soudain, maman arrive vêtue d'une blouse blanche, celle qu'elle portait lorsque nous travaillions ensemble.

C'est au travers de ces épisodes troublants que j'ai découvert que les défunts pouvaient se manifester parmi nous.

Chapitre 8
La digitopuncture

*« La maladie est une aventure.
L'acupuncture et la digitopuncture vous donnent des épées,
mais c'est à vous de combattre ».*

Proverbe chinois

En 1998, j'ai décidé de reprendre mes études par correspondance (au CNED) dans le domaine du tourisme pendant que j'étais à l'office notarial.

Je n'ai finalement pas mené de carrière dans le tourisme… Je me suis intéressée à la digitopuncture, pour apporter du réconfort aux gens. La digitopuncture est issue de la médecine traditionnelle chinoise et propose de soigner de nombreuses maladies en appliquant manuellement de la pression sur des points précis du corps. En clair, c'est de l'acupuncture sans aiguille !

Dans le centre d'amincissement que je dirigeais, maman m'était également apparue en blouse blanche, satisfaite et apaisée.

J'ai ainsi suivi une formation à Paris dispensée par le franchiseur dont je dépendais. Cette expérience fut très enrichissante pour moi et m'a beaucoup plu.

J'ai été franchisée indépendante de 2001 à 2005 dans l'amincissement.

Pendant cette période paramédicale, j'ai fait le lien avec ma maman biologique et mes racines. Ainsi que je l'ai écrit précédemment, il semblerait que ma maman biologique travaillait dans le monde médical. Était-elle médecin ou infirmière ? Je ne le saurai jamais.

Mes parents m'avaient glissé cette information dans une conversation.

C'est ainsi que je me suis replongée en 2014, dans la quête de mes racines. Le sujet a commencé peu à peu à fleurir en moi et à me titiller.

Un jour maman m'a dit :

— Charoey, peut-être que le jour où tu seras maman cette question de tes racines commencera naturellement à te travailler.

Au fond de moi, je savais que je n'allais pas trouver grand-chose dans les archives. Je connaissais l'issue de ma demande, mais j'ai poursuivi mes efforts pour ne pas avoir de regret.

Lorsque je suis rentrée de Thaïlande, tout le monde me trouve incroyablement zen ! Même ma clientèle !

— Tu ne veux pas y retourner ? me suggère maman, sur un ton badin.

Mais cette période dorée n'a duré hélas qu'une semaine !

Après 24 heures de vol retour, j'atterris à sept heures du matin à Nantes. C'est papa qui vient me récupérer à l'aéroport pour m'emmener chez moi. J'habite juste au-dessus de mon entreprise.

Je saute dans la douche, avale une pomme et suis prête pour reprendre le travail !

Mes patientes sont étonnées de me voir déjà au travail mais elles sont très contentes de me retrouver parmi elles. Je continue mes soins jusqu'à 20 heures.

Je suis appréciée par ma clientèle. J'ai travaillé pendant cinq ans à mon compte. Mais être associée à maman n'est pas chose aisée. Mes parents ayant participé financièrement au sein du capital, ils détiennent une mainmise de fait.

Depuis mon séjour en Thaïlande, j'ai souvent eu envie d'y retourner, tout dépendra de mes capacités financières. On envisage de repartir l'année prochaine pour faire découvrir mon pays d'origine à mes filles, pour qu'elles sachent d'où je viens. C'est une notion cruciale à mes yeux. On sait où l'on va lorsque l'on connait d'où l'on vient…

Chapitre 9
Le Blockhaus, un lieu chargé d'histoire

« Le musée est un des lieux qui donnent la plus haute idée de l'homme ».

André Malraux

A la suite d'une formation dispensée par l'AFPA, après la cessation de mon activité professionnelle, j'entre en stage en 2017 dans un musée chargé d'histoire situé sur la côte atlantique, tout près de la côte sauvage.

Je fais la connaissance de Luc et de Marc, les créateurs du musée.

C'est un ancien bunker du mur de l'Atlantique transformé en musée, lequel redonne vie à un poste de commandement allemand pendant la Seconde Guerre mondiale et retrace l'histoire de la poche de Saint-Nazaire.

A la fin du stage, Luc et Marc me proposent de travailler avec eux.

J'y officie à leurs côtés durant dix saisons. Ce fut une très belle aventure tant sur le plan professionnel qu'humain. J'y fais la connaissance d'un ancien combattant qui libéra la Poche de St Nazaire, lequel monsieur venait tous les après-midis au musée depuis deux décennies. Il nous a quittés en 2021, à l'âge de 97 ans.

Nous avons partagé avec l'équipe des fous rires, des larmes et des moments difficiles. Nous étions tous bienveillants les uns envers les autres. Une très belle aventure qui s'est achevée en 2017.

Aujourd'hui, nous partageons une belle amitié. Je tiens à remercier Luc et Marc, ainsi que l'équipe du musée pour ces belles années de coopération.

https://www.grand-blockhaus.com

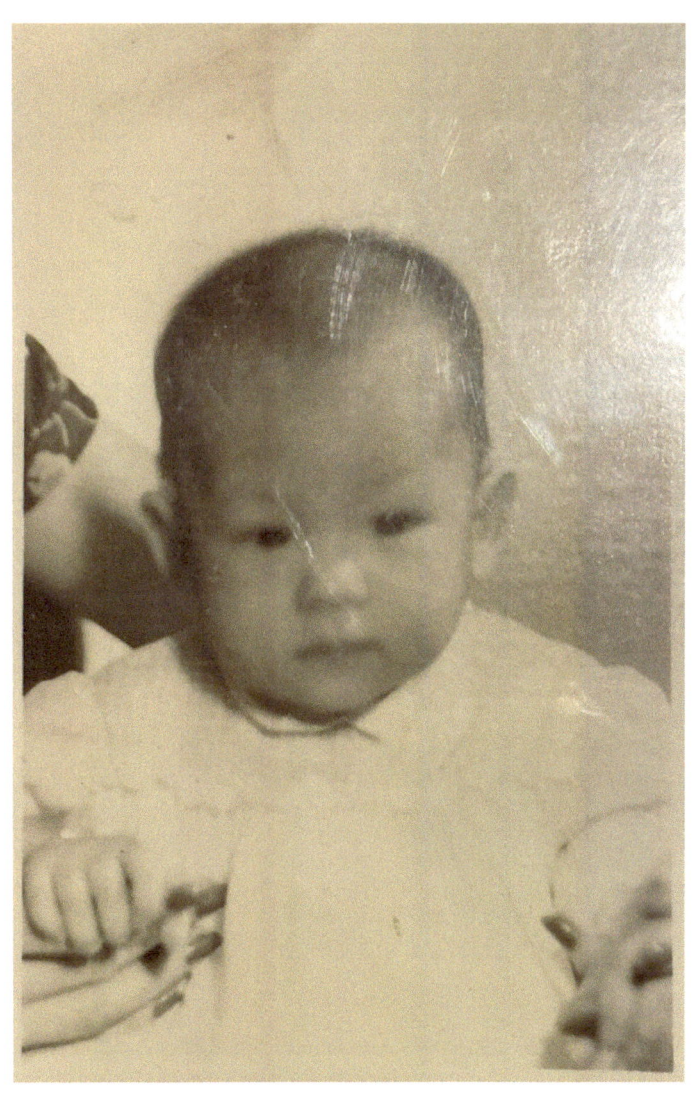

Moi, bébé, à Bangkok. J'ai environ 9 mois.

Moi, en Eure-et-Loir, chez mes parents, en 1978.

Notre mariage, le 14 octobre 2011, à St Nazaire.

En vacances à Marrakech.

Jade.

Maylee

Halloween 2024.

*Les filles avec Ivona,
la référente francophone de la clinique IVF de Zlin.*

Tous les quatre, avec un membre de l'équipe médicale de la clinique IVF de Zlin.

Jade et Maylee au zoo de Zlin.

Le musée du grand blockhaus.

*Anne Abrard, la présidente de l'association
« Les cigognes de l'espoir » et sa fille Charlotte.*

Philippe Roussel,
vice-président de l'association « Les cigognes de l'espoir »

David Rumpik propriétaire et directeur de la clinique IVF de Zlin

La clinique IVF de Zlin.

Chapitre 10
Désir d'enfant

« Une maman c'est comme du coton : elle est douce à l'intérieur comme à l'extérieur et nettoie tous les maux ».

Jean Gastaldi

Je rencontre l'homme qui deviendra mon mari en 2002, en discothèque. Ce soir-là, je me sens légère, je suis venue danser avec une connaissance.

Anthony a six ans de moins que moi. C'est un homme costaud, il a de magnifiques yeux bleus.

Un de ses amis m'avait d'abord abordée pour tenter un contact avec moi, mais cela n'a pas marché.

Nous nous sommes revus après la soirée, avec Anthony et de fil en aiguille, le courant est passé entre nous. Anthony est quelqu'un de bien, de gentil et de courageux. Cela m'a plu.

Il me paraît d'emblée honnête, je sens qu'il ne s'agira pas d'une histoire d'un jour.

Anthony travaille sérieusement, il aime les animaux et possède un chien. Ça se voit d'emblée qu'il en prend soin et ça me touche beaucoup.

Nous nous mettons rapidement en couple. Habitant au-dessus de mon entreprise, je ne voulais pas pâtir d'une mauvaise réputation. Tout le monde épiait mes moindres faits et gestes. J'avais envie d'officialiser notre relation. Nous nous sommes installés ensemble au bout de six mois de relation. J'ai dit à Anthony :

— Tu ramènes tes affaires à la maison !

Même lorsque je fais mes courses le soir à 20 heures, après le boulot, je fais tout pour ne pas croiser mes clientes qui observent ce que je mets dans mon chariot. Ce regard social est parfois lourd à gérer pour moi. J'ai toujours la sensation d'être attendue au virage. Jusqu'à aujourd'hui…

Nous nous unissons civilement à Saint-Nazaire en 2011 et ouvrons un nouveau chapitre de notre vie.

***

La question des enfants

Lorsque j'étais petite fille, je ne m'imaginais aucunement devenir maman. Cela a duré jusqu'à l'âge de 40, 42 ans. Puis, l'envie a fleuri en moi. C'était à mes yeux la suite logique de notre mariage.

Mon mari avait un désir plus marqué. Il voulait absolument des enfants.

Je suis convaincue qu'il y a un lien entre mon désir flou de maternité et mon adoption. Ce sentiment d'abandon est profondément ancré en moi. C'est une histoire intragénérationnelle, il y a une authentique mémoire d'abandon qui coule dans mes veines. Cela relève de l'épigénétique.

Adopter

Anthony et moi essayons de faire un enfant naturellement, mais cela ne fonctionne pas.

Au bout d'une année d'essai, je décide d'effectuer des examens médicaux.

La sentence tombe comme un couperet : ma réserve ovarienne est trop faible pour enfanter naturellement et je souffre d'endométriose stade 3. J'ai souvent caché une bouillotte sous mon pull au boulot, pour apaiser discrètement mes douleurs.

Au fond de moi, je savais qu'il y avait quelque chose qui ne tournait pas rond. J'accepte le diagnostic avec fatalisme et philosophie. Anthony porte pour sa part un regard optimiste sur la vie, cela m'aide aussi à avancer.

Nous ne nous laissons pas abattre et rebondissons très vite. Ayant été une enfant adoptée, l'idée à mon tour d'adopter apparait comme la solution qui coule de source.

Venant d'un pays asiatique, j'aimerais beaucoup adopter un enfant originaire de ce continent.

Le dossier à monter pour l'adoption est extrêmement long et compliqué.

Anthony et moi subissons de surcroît un interrogatoire très poussé, jusque dans notre intimité.

On m'interroge :

— Pourquoi voulez-vous adopter un enfant asiatique ?
— Je suis asiatique, cela me paraît naturel, non ? Je ne vais pas adopter un enfant né sur le continent africain ! Ne voyez pas ma remarque comme raciste.

***

Au lieu de répondre à mes souhaits, les services d'adoption du Conseil Départemental de Loire-Atlantique me proposent sur le fait, d'accueillir un enfant souffrant d'une pathologie lourde. Je ne suis pas d'accord. Ce n'est pas notre projet parental.

Je crois que mes réponses ne plaisent pas vraiment à mes interlocuteurs. Je suis très figée dans mes repères et certainement trop honnête.

Quelques mois plus tard, la réponse du Conseil Départemental me parvient comme une gifle.
Notre demande d'agrément est refusée et leur motivation me donne la nausée : mon histoire en tant que personne adoptée est selon eux une circonstance affective aggravante.

Je tombe de mon armoire.

Nous avons un mois pour faire appel à l'amiable de cette décision. J'ai tenté de défendre notre cause devant le Conseil Départemental. Ce jour-là est aussi l'anniversaire de mon mari.

Malgré toute notre bonne volonté, la partie adverse maintient son refus.

Nous décidons dès lors d'aller en contentieux devant le Tribunal Administratif, soutenue par notre avocate, pour au moins nous prouver que nous sommes allés au bout de notre démarche et ne pas avoir de regret.

Mais les services d'adoption maintiennent à nouveau leur position inflexible.

Sur les réseaux sociaux, j'ai partagé ma colère. Je recherchais également des témoignages.

Contre toute attente, la députée de la circonscription de l'époque me contacte et m'indique faire le nécessaire pour faire bouger les lignes. Je suis emplie d'espoir...

Malheureusement, en vain.

Je contacte la presse locale et les radios régionales, mais les médias refusent de s'impliquer. Ils craignent d'être inquiétés par le Conseil Départemental.

Je suis envahie par la colère.

Mes angoisses existentielles refont surface. Ne suis-je pas quelqu'un de bien parce que j'ai été adoptée ?

Je me remets en question et perds confiance en moi. Je ne sais plus si je suis capable de devenir mère puisque l'on pointe mon illégitimité.

On me reproche d'avoir été adoptée... Je ressens ce poids encore aujourd'hui, dans la société dans laquelle j'évolue.

Depuis ma naissance, je porte ce fardeau-là ; ne pas être aimée, appréciée par les autres.

Chapitre 11
Le don d'ovocytes

« N'ayant pas eu de mal à avoir mes enfants, pourquoi ne pas aider ceux qui en ont besoin ? C'est une véritable histoire de sororité qui est extrêmement importante et valorisante ».

Hélène, donneuse.

Pour être tout à fait honnête, je n'ai jamais digéré le fait que l'on parle de circonstances affectives aggravantes liées à mon adoption. Ces mots, cette sentence me hantent jusqu'à aujourd'hui. C'est traumatisant.

Pour ce qui concerne le contentieux, les jurés ont argué de l'intérêt de l'enfant, afin de justifier leur refus d'agrément.

La bataille fut âpre à cette période, avec son cortège d'anxiété.

Sur les réseaux, je parviens à nouer quelques échanges. Je réalise vite que la question de l'adoption demeure taboue pour les personnes qui sont concernées. Personne ne souhaite parler de ce sujet ouvertement.

Je me sens seule.

Pour ma part, la question de l'adoption n'a jamais été un sujet sous embargo dans ma famille.

De son côté, Anthony est furieux de ce qui se trame, mais il intériorise sa colère.

Le don de quoi ?

Lorsque mon gynécologue de l'époque me diagnostique mon infertilité il me dit, du but en blanc :

— Madame Raoul, je ne peux plus rien faire ; nous avons échoué dans nos tentatives en France, nous allons partir sur un don d'ovocyte.

— Mais c'est quoi un don d'ovocyte ?

Je ne sais même pas de quoi le médecin me parle !

De retour chez moi, je tape sur google : « don d'ovocytes et PMA ».

C'est ainsi que je trouve le lien de l'association des « Cigognes de l'espoir ». Je prends dès lors contact avec Philippe Roussel qui prend soin de m'expliquer les choses.

Cette perspective ne résonne pas du tout en moi. Vais-je devoir accepter un corps étranger en moi, cela va-t-il me donner des maladies ? Je suis parfaitement ignorante en la matière et ne sais pas dans quoi je vais m'embarquer.

***

Etant donné la situation, mon gynécologue me conseille de partir à l'étranger après deux FIV et deux inséminations qui ont échoué. Je me faisais ma piqûre toute seule ; au travail. Après la fermeture du musée du Grand Blockhaus, où j'officiais à l'époque, je me rendais dans les toilettes, je faisais ma piqûre journalière dans l'abdomen. Mais ces tentatives n'ont rien donné.

Au fond de moi, je le savais. Mais c'était la case obligatoire à franchir avant de partir à l'étranger.

La loi autorise jusqu'à 42 ans[*], en France, de recevoir un don d'ovocytes. Mais le délai d'attente est très long, il oscille entre trois et cinq ans, tandis qu'à l'étranger, on peut recevoir ce don si précieux en l'espace d'un mois.

La PMA à l'étranger fait partie d'un vrai business. Cette pratique est monnaie courante en Espagne notamment. La sécurité sociale prend partiellement en charge l'ensemble des démarches, à la condition d'effectuer une entente préalable.

C'est à cette période-là que je prends contact avec l'association « Les cigognes de l'espoir ».

J'ai contacté l'association un an avant d'entamer les démarches de procréation médicalement assistée.

---

[*] Récemment la loi a changé, c'est maintenant autorisé jusqu'à 44 ans.

Le contact que je tisse avec Philippe Roussel, Vice-Président de l'association se passe immédiatement bien. Des réunions d'informations annuelles sont organisées dans certaines villes de province et à Paris. L'association détient en outre de très bonnes références en matière de cliniques partenaires, notamment en République tchèque.

Sur le forum de l'association, de nombreux parents m'ont conseillé de ne pas aller en Espagne parce cela représente un coût avoisinant la somme de 15 000 euros. Bon nombre de familles m'ont recommandé de partir en Tchéquie.

J'essaie mentalement de reconstituer le puzzle. La Tchéquie, c'est l'Europe de l'Est continent qui ne m'inspire pas confiance. Où j'allais m'engager ?

Puis, je me renseigne, et tout devient fluide. Je ne cours aucun risque. La République tchèque est indépendante depuis 1993 à l'issue de la scission de la République fédérale tchèque et slovaque. Tout va bien.

En consultant les forums, une internaute m'envoie les photos de la clinique de Zlin que nous choisissons parce qu'elle nous paraît plus simple en termes d'hébergement et de prise en charge médicale. La clinique m'inspire confiance par sa propreté, et le style du bâtiment.

Les cigognes de l'espoir

« Nous sommes Philippe et Anne et avons décidé de créer "Les cigognes de l'espoir" pour plusieurs raisons.

Les parcours de PMA en France manquent souvent d'humanité, d'empathie et surtout d'informations. Médecins, gynécologues, centres de Procréation Médicale Assistée souffrent d'un manque de temps pour informer, expliquer aux patients les multiples causes d'infertilité, les conséquences, mais aussi l'ensemble des solutions possibles pour lutter contre ce fléau croissant devenu une question de santé publique. Certaines solutions comme le don d'ovocytes sont encore très méconnues et pourtant très efficaces.

L'infertilité n'est pas toujours une fatalité : des solutions existent pour devenir parent malgré tout, encore faut-il disposer des bonnes informations. Or ces informations sur les différents traitements et les établissements ou en bénéficier en France et à l'étranger sont parfois difficiles à trouver, en raison du caractère "tabou" que suscite encore l'infertilité.

Confrontés à un problème d'infertilité, nous avons fait pendant des années les démarches que font en pareil cas la plupart des couples en France : examens multiples pour la détection des raisons de l'infertilité auprès de différents médecins, orientation vers un centre de PMA, généralement débordé, car ces centres ne sont pas assez nombreux en France, avec pour conséquence une écoute parfois limitée ou du moins écourtée, des délais d'attente très long pour les différentes tentatives de PMA : insémination, FIV (fécondation in vitro), etc.

Le temps passe ainsi, très vite, les échecs s'accumulent, puis arrive le temps du découragement...

Découragement parce que l'on vous dit que vous avez épuisé votre "quota" de tentatives, que forcément avec le temps, vous avez atteint l'âge limite de prise en charge, que dans votre cas, seul le don d'ovocytes serait possible mais que c'est quasi-impossible car trop de demandes, très compliqué et de toute façon trop tard...

Face à ce découragement, sans baisser les bras, nous avons cherché des solutions par nous-mêmes, grâce aux heures passées sur Internet à consulter des sites spécialisés en PMA, infertilité, dons de gamètes en France et à l'étranger, à correspondre avec des organismes et cliniques de fertilité parfois au bout du monde...

Notre acharnement a payé : une petite fille est née à la suite d'un don d'ovocytes en République tchèque !! Conscient du bonheur que cela pouvait apporter, nous avons décidé de créer cette association sans but lucratif (avec quelques personnes sensibilisées à cette problématique) afin d'aider ceux, qui comme nous, se trouvent confrontés à un moment ou à un autre à ce drame de l'infertilité pour les aider, leur donner de l'information, pour trouver des solutions, notamment à travers les possibilités existantes de dons d'ovocytes (y compris à l'étranger), de dons d'embryons, pour confronter les expériences, les espoirs, les réussites et les échecs, en bref pour créer une communauté autour de l'infertilité et de la PMA. Nous sommes de fervents défenseurs du don d'ovocytes, technique de PMA efficace mais qui n'est pas assez connue.

Depuis 2011, date de création de l'association, celle-ci a beaucoup grandie, le nombre de membres double chaque année, preuve de l'intérêt et de l'utilité de notre démarche.

L'association est ouverte à toute personne concernée par l'infertilité, membres et non membres. Précisons que notre association ne bénéficie d'aucune subvention, elle est uniquement financée par les cotisations ».

https://www.lescigognesdelespoir.com/

CHAPITRE 12
Départ pour la Tchéquie

« La générosité est une histoire de cœur.
Pas une histoire d'argent ».

Mazouz Hacène.

En mai 2017, nous partons pour la ville de Zlin, en république tchèque, à 250 kilomètres au sud-est de Prague, la capitale.

Anthony et moi sommes épuisés moralement, nous sommes pâles.

Nous partons sans rien attendre, pour ne pas souffrir d'une éventuelle déception à venir. Cerise sur le gâteau, j'ai oublié un médicament à la maison, lequel est censé aider à la nidation… Le stress commence à monter…

***

Ivona est la coordinatrice francophone de la clinique de Zlin, elle est là pour nous épauler et faciliter nos démarches. Nous prenons l'avion à Nantes en direction de Prague. A l'aéroport, un chauffeur nous mène à l'hôtel Tomášov.

Le bâtiment Tomášov était à l'origine une école prestigieuse pour les étudiants les plus talentueux.

Ces jeunes gens y étaient formés pour devenir les futurs directeurs des entreprises Bata à travers le monde. Pour la petite histoire, La « Société des Chaussures Bata » est née le 21 septembre 1894 dans la ville de Zlín, dans l'Empire austro-hongrois de l'époque (aujourd'hui en République tchèque). Ses fondateurs, Thomas Bata (en tchèque : *Tomáš Baťa*), son frère Antonín et sa sœur Anna, étaient issus d'une famille de cordonniers depuis plusieurs générations.

Le patron de la clinique de Zlin se nomme David Rumpik.

Nous avons quatre heures de route pour nous rendre de Prague à la clinique reproductive.

Une fois arrivés à notre hôtel, le chauffeur monte gentiment nos bagages dans notre chambre.

Pour ne pas ajouter du stress au stress, on nous donne quelques conseils pour aller visiter la ville. Le séjour va durer une semaine.

Le lendemain de notre arrivée, nous avons un premier rendez-vous avec l'équipe médicale. Anthony doit faire son don de sperme et le labo démarre dans la foulée sa mise en culture. Entre temps, nous nous baladons dans la ville et tentons de nous détendre. Il y a un joli parc autour de la clinique et le centre-ville se découvre aisément à pied.

Nous essayons de nous convaincre que nous sommes partis en vacances pour une semaine !

Repos

Je conseille aux familles qui feront la même démarche que la nôtre de faire de même : dites-vous que vous partez pour une semaine de repos. Essayez au moins, cela vous ôtera un poids psychologique.

Bien évidemment, il y a un coût moral à toutes ces démarches. Une vie peut basculer ; j'ai vu des gens se séparer en raison de la trop grande pression qu'il faut endurer.

Nous louons une voiture pendant trois jours et nous partons en vadrouille aux alentours de Zlin. Il y a notamment un magnifique zoo. Il est situé près du château de Lešná, à environ dix kilomètres du centre de la ville. En 2011, le zoo est devenu le deuxième zoo le plus visité du pays. Il fait très beau ; nous nous laissons guider par le temps et découvrons une cathédrale très sympathique, emplie d'angelots. Nous en profitons pour formuler nos vœux dans ce lieu de recueillement. Le moment est beau et intense.

Qui est la donneuse ?

La donneuse demeure anonyme. C'est la loi. En revanche, nous avons le droit de formuler quelques indications et souhaits concernant le profil de la donneuse.

Nous avons envoyé un cliché d'Anthony et de moi à Ivona, la coordinatrice francophone de la clinique, par email, lors de la première prise de contact. Ils recherchent ainsi une donneuse qui se rapprocherait au mieux de nos traits physiques, de notre taille et de notre poids.

Parmi mes requêtes, j'ai formulé la demande que la donneuse soit une jeune étudiante qui n'a pas déjà été maman. Pour multiplier mes chances de devenir maman, j'aimerais ainsi que ses ovocytes soient le plus « frais » possible et de la meilleure qualité. J'ai aussi demandé que la jeune femme soit issue d'une bonne famille, ce critère est important à mes yeux.

Moi qui n'ai pas fait d'études universitaires, je rêve que mes filles soient enclines à suivre un cursus d'études.

Anthony respecte mes demandes, il connaît de surcroît mon potentiel de nervosité. Je lui dis souvent : « C'est moi qui gère ! ne t'en occupe pas ». Heureusement, il prend avec distance mes sorties de route.

Pour plus de cohérence, les ovocytes sont également choisis en lien avec notre propre groupe sanguin. La donneuse subit de son côté un check-up complet. Les médecins recherchent également d'éventuelles maladies génétiques.

La jeune femme n'est pas rémunérée, elle est en revanche indemnisée pour tous les examens qu'elle subit.

C'est la même chose en France, toute rétribution en contrepartie d'un don d'élément du corps humain est interdite par la loi française. Ceci pour des raisons éthiques et par crainte d'une marchandisation des produits du corps humain, avec le risque d'ouvrir la porte à l'exploitation des plus vulnérables.

En revanche, tous les frais liés au don d'ovocytes, qu'ils soient médicaux (du bilan préalable au suivi après le don) ou non médicaux (transport, hébergement, garde d'enfants, etc.) sont pris partiellement en charge.

Nous payons nous-mêmes le traitement hormonal de la donneuse. Il est destiné au prélèvement des ovocytes et à la ponction ovocytaire ; les ovules seront ensuite mis en culture avec les gamètes de mon mari.

En Tchéquie, les frais médicaux sont partiellement pris en charge par la sécurité sociale française, le don d'ovocytes fait partie de la pratique de bon nombre de femmes. Leur crédo est d'aider un couple à devenir parent, sans rien attendre en retour.

Il existe encore de belles choses sur terre…

Le médecin de la clinique nous demande si l'on souhaite implanter un ou deux embryons et précise que cela dépend aussi de mon état de santé. Perdue, je lui réponds :

— Je n'en sais strictement rien !

Je suis complétement déconcertée. Le médecin me guide gentiment avec Ivona à nos côtés qui nous sert d'interprète :

— Madame Raoul, vous êtes en super santé, vous avez une bonne dynamique, un bon poids, vous êtes capable de supporter une grossesse gémellaire ! vous ferez une très belle grossesse Madame.

Chapitre 13
Deux jolis embryons !

« Il y a, chez l'enfant qui naît, un impact de l'inconscient de ses parents sur celui de l'embryon au moment de sa conception, ou qui marque le fœtus au cours de sa gestation ».

Françoise Dolto

Chance !
Nous sommes toujours à la clinique de Zlin pour 7 jours.
Après insémination du sperme de mon époux dans les ovocytes de la donneuse, nous avons obtenu de beaux embryons ! Mais nous gardons la tête froide et suivons, disciplinés, les instructions de la clinique.

Vient dès lors de temps du transfert embryonnaire. Cinq jours d'attente, le temps nécessaire pour la maturation des futurs embryons.

L'embryologiste Ludmila vient dans ma chambre, et m'allonge sur un brancard.

— Etes-vous prête Madame ?
— Oui ! On fonce !

— C'est parfait, d'autant plus que vous avez un bel endomètre.

Au moment du transfert des embryons, je n'ai pas ressenti d'émotion particulière. Je me répète simplement : « Charoey, tu seras allée jusqu'au bout ».

Mon côté fataliste prend le dessus. Depuis la gifle de l'adoption, je me suis coupée de mes émotions. Certaines femmes pleurent, mais moi, je n'avais plus de larmes.

Le transfert embryonnaire s'effectue dans de très bonnes conditions. Je ne ressens aucune douleur.

On me ramène ensuite dans ma chambre et le médecin préconise une heure minimum de repos.

Ensuite, je reprends une vie normale, comme si de rien n'était ! Le dernier jour de notre séjour, nous en profitons pour faire les boutiques et ramener quelques souvenirs.

Mes petits embryons sont logés dans ma cavité utérine. Reste à savoir si l'alchimie prendra ou pas…

Il nous faut patienter entre sept et quatorze jours pour avoir le verdict. Et savoir si je suis officiellement enceinte.

Quinze jours plus tard, je réalise tout d'abord un test urinaire. Il y a les deux belles bandes bleues qui apparaissent. J'ai l'air d'être enceinte ! Mais je ne m'emballe pas et garde mon calme. Surtout pas d'euphorie. Tellement peur d'être déçue et de tomber ensuite de mon armoire… C'est aussi une manière de me protéger, c'est la force que je me suis construite pour faire face aux intempéries de la vie.

Le lendemain, je dois également effectuer une prise de sang, pour obtenir mon taux de béta-hCG qui indiquera si la nidation a eu lieu. Les hCG sont les hormones de la grossesse. Les tests sanguins sont positifs dès qu'une présence et une concentration de HCG au-delà de 5 UI est détectée.

C'est positif ! Mon taux de hCG est bon. Je suis officiellement enceinte.

J'annonce la bonne nouvelle à Anthony qui se garde également de sauter de joie, par prudence.

Je dois refaire une prise de sang 24 heures plus tard pour contrôler si mon taux de hCG double, preuve que la grossesse continue.

24 heures puis 48 heures après, les taux augmentent comme espéré, jusqu'à atteindre le taux de 1100 hCG.

C'est à ce moment-là que l'on va pouvoir réaliser l'échographie de datation.

Juste avant d'arriver chez le médecin, je raconte à mon mari ce que j'ai lu sur un forum : une jeune femme témoigne de son parcours et au cours de l'échographie, le mari demande :

— C'est quoi ces clignotants ?

— Ce ne sont pas des clignotants, Monsieur, c'est l'activité cardiaque de vos bébés, lui répond le gynéco !

Je m'imagine la scène et la tête du papa.

— Anthony, tu ne me feras pas un coup pareil, hein, s'il te plaît avec l'histoire des clignotants ?

***

Echographie

J'appelle mon gynécologue pour obtenir un rendez-vous. L'échographie commence.

Ce sont de fausses jumelles, elles disposent chacune de leurs poches.

Jamais je n'aurais pensé que les deux bébés s'accrocheraient correctement.

Nous entendons le battement des cœurs, mais ma tête n'est pas dans le bon sens, je vois l'écran à l'envers :

— Alors ? Alors ?

Silence dans la salle

Le médecin ne me répond pas. Puis spontanément je demande :

— C'est quoi ces clignotants sur l'écran ?!

— Madame Raoul ce ne sont pas des clignotants, ce sont les activités cardiaques de vos enfants ; vous attendez des jumeaux !

Moi qui avais demandé à mon époux de ne pas lui faire honte, c'est moi qui pose la question idiote.

Face à l'annonce officielle du médecin, aucun mot ne sort de ma bouche. J'attends des jumeaux… ou des jumelles. Je suis hébétée et surprise de cette si belle annonce.

Dans la voiture, on n'échange pas un seul mot avec Antho. Pour une fois, mon mari a eu une paix royale !

Je ne m'attendais pas à une aussi belle nouvelle. Je suis abasourdie.

Les questions fusent dans mon esprit.
Ils vont loger où ces bébés ? On va s'en sortir ?

Chapitre 14
Maylee et Jade

« Vivre la naissance d'un enfant est notre chance la plus accessible de saisir le sens du mot miracle ».

Paul Carvel

Ma grossesse se déroule à merveille. Je n'ai pas non plus souffert de nausée ; j'ai eu une ou deux fois du spotting et par mesure de précaution, je me suis rendue à l'hôpital qui a su immédiatement me rassurer :

— Madame Raoul, tout va bien, c'était le sang qui restait dans la cavité utérine que l'on nomme communément les spottings.

Je me sens grandement rassurée.

Mes patrons n'avaient jamais vu ça ! Pendant ma grossesse, je travaillais au musée du Grand Blockhaus, à Batz-sur-mer.

J'ai tenu jusqu'au bout de mon contrat.

***

Au cours des premiers mois, je ne parviens pas à exprimer ma joie, j'ai trop peur. Nous demeurons prudents et attendons la fin du quatrième mois pour annoncer ma grossesse à notre entourage. Il faut dire que mon ventre s'est délicatement arrondi…

Nous demeurons toutefois précautionneux jusqu'à mon septième mois de grossesse où nous effectuons une amniocentèse.

Lorsque nous apprenons que tous les feux sont au vert, nous entamons des travaux pour préparer la chambre de nos filles.

Au total, je n'ai pris que douze kilos !

J'ai même effectué les travaux avec mon mari : je suis montée plusieurs fois sur l'escabeau, ai porté une grande plaque de placo sur la tête, alors que j'étais enceinte de sept mois.

Pendant ma grossesse, je fais écouter de la musique à mes bébés afin qu'elles développent une oreille musicale : du jazz, du moderne (Céline Dion, Lara Fabian…), du classique…

Puis, l'heure de l'accouchement arrive…

On a programmé une césarienne. On m'a donné un masque à oxygène, mais je garde le sourire. Les médecins et les infirmières sont étonnés de me voir si sereine.

Maylee et Jade voient le jour le 29 janvier 2018, à quelques minutes d'intervalles.

Après avoir accouché, j'ai déjà envie de rentrer chez moi, dès le lendemain. J'étais en forme et très dynamique.

Les infirmières froncent leurs yeux :

— Ah non, Madame Raoul, vous restez avec nous pendant quatorze jours.

Le protocole n'est pas le même lorsque l'on accouche de jumeaux. De surcroît, l'un de mes bébés est en berceau chauffant. Ce type de berceau est destiné aux nourrissons nés un peu prématurément et qui se trouvent à la limite entre le maintien dans une couveuse et la possibilité d'être dans un berceau chauffant. L'utilisation de ce type de « nid » permet de dédramatiser la prématurité du bébé.

J'ai la chance de ne pas être confrontée à la néonatalogie et d'être encadrée par une super équipe d'infirmière à la cité sanitaire de Saint-Nazaire. L'hôpital est doté d'un service de maternité niveau 3 absolument génial.

De retour à la maison, tout se passe à merveille.

Anthony et moi nous occupons seuls de nos bébés. Personne ne vient nous prêter main forte. Maman n'est déjà plus de ce monde pour venir me soutenir…

Mon mari travaille de nuit. Je dois dès lors enchaîner les journées et les nuits.

Je n'ai pas allaité les petites, parce que je n'avais pas de lait. Elles sont passées tout de suite au biberon. Je n'ai pas rencontré de difficulté majeure et j'étais très organisée.

Mon planning administratif a aussi été géré d'une main de maitre ! Les certificats de naissance, le rattachement des petites à la sécurité sociale. La CAF…

Toutes les enveloppes administratives étaient préparées par mes soins. Anthony n'avait plus qu'à les fermer et les dispatcher.

Lorsque mon époux rentre à la maison, il est épuisé. Il doit se reposer avant de repartir le soir. J'enchaîne plusieurs nuits blanches.

La fatigue me gagne et ne me quittera plus.

Chapitre 15
Ne jamais mentir

« L'amour fuit le mensonge et s'attache à la vérité ».

Kéline Amegnigo

Nous avons réussi à devenir parents. Nous sommes heureux et notre vie de famille se déroule sous les meilleurs auspices.

Maylee et Jade savent qu'elles proviennent d'une dame qui leur a « donné ses œufs » depuis qu'elles ont trois ou quatre ans. Je n'ai jamais souhaité leur mentir.

La vérité est très importante dans le parcours de l'enfance.

J'ai eu très envie de leur raconter leur histoire dès qu'elles ont été en âge de comprendre.

Ensemble, nous avons compulsé les clichés de mes échographies. Mes filles savent même où elles étaient positionnées dans mon ventre !

Je suis émue de voir mes filles chantonner les paroles de Céline Dion « encore un soir » que je leur faisais écouter lorsque j'étais enceinte.

***

Pendant ma grossesse, je projetais déjà ma nouvelle vie avec mes futurs bébés. Tout a été calé très tôt ! J'avais très envie que mes petites filles pratiquent du sport et de la musique. Je rêvais de programmer les plus belles choses pour elles.

J'ai respecté mes promesses : Maylee et Jade ont découvert l'équitation, pratiquent la natation, le tennis et du judo ! Elles pianotent de temps à autre sur le piano que m'a transmis mon papa au décès de maman. Jusqu'à aujourd'hui, tout se présente comme je l'avais prévu.

***

Ainsi que je l'ai écrit précédemment, je me suis toujours promis que mes enfants sauraient tout de leur naissance pour ne souffrir d'aucun secret caché. Elles se sont approprié leur histoire, avec leurs propres mots : « On a fait un milkshake avec la graine de papa et la graine de la dame et on l'a mise dans le ventre de maman ! ».

La neuropsychologue qui suit mes filles dans la gestion de leurs émotions m'a dit qu'elles ne sont aucunement impactées par la question de leur origine. Cela m'a grandement rassurée.

Je suis convaincue que lorsque les enfants apprennent tôt qu'ils sont issus d'un don de gamètes, les événements demeurent très clairs pour eux. Ils savent que leur maman les a portés dans son ventre, que papa et maman les élèvent, veillent sur eux et les aiment, et c'est cela qui compte à leurs yeux.

A l'aune de leurs sept ans, les caractères de mes petites filles sont déjà bien dessinés. Maylee est le portrait de son père ! Elle a les mêmes yeux bleus et la même morphologie ! A sa naissance, elle avait les yeux bridés. Elle adore le bricolage, le maniement du marteau et le dessin ! Elle est manuelle. Jade est plus proche de moi, elle a mes oreilles et mon nez et les yeux légèrement bridés. Elle est cérébrale. Je suis parfois en conflit avec elle. Elle aime bien faire sa fofolle aussi ! C'est drôle car j'ai l'impression de me revoir lorsque j'étais petite, quarante ans en arrière, avec les mêmes délires.

Lorsque leur papa les gronde toutes les deux, elles viennent se réfugier dans mes jupons.

***

Fidèle à mes pensées, j'ai expliqué très tôt l'histoire de nos filles à leur enseignante :

— Ne voyez pas cela comme une intrusion, les camarades de mes filles ont le droit de s'interroger. Avec mon autorisation, vous pouvez tout leur expliquer.

Contre toute attente, l'institutrice ne partageait pas mon avis :

— Non, cela ne les regarde pas, c'est très personnel. Je ne dirai rien.

Devant son refus, j'ai dès lors pris la décision d'expliquer moi-même à des parents et aux enfants comment

Maylee et Jade étaient nées. Grâce à cela, mes filles n'ont jamais rencontré de problème ni de moquerie sur leur physique, leurs racines. Contrairement à moi à leur âge.

Autoritaire

Je suis une maman très autoritaire, je ne répète pas les choses trois fois ! Je reconnais que nous avons parfois une organisation un peu militaire.

Bien évidemment, j'aime profondément mes enfants, je souhaite leur signifier tout mon amour à travers ces lignes. Mais je ressens souvent une culpabilité, voire une imposture : « Suis-je réellement une bonne mère ? Le Conseil Départemental et les professionnels de l'enfance avaient-ils raison de me dénier le droit de devenir maman ? ». Cette question n'est pas résolue pour moi.

Mon mari m'a largement soutenue et réconfortée en me disant que c'est ainsi que cela devait se passer.

Je ressens parfois un mélange de colère et d'amertume qui ne passe pas.

En septembre 2024, j'ai soufflé ma cinquantième bougie.

Quelques années plus tôt, certaines personnes « bien intentionnées » n'ont pas pris de gant avec moi et m'ont balancé au visage :

— Tu es folle Charoey d'entamer une grossesse à 44 ans ! T'as pensé à l'âge que tu auras lorsque tes filles auront 20 ans ?

Je n'ai pas prêté attention aux remarques. Avec le recul, je suis heureuse d'avoir écouté mon instinct.

Je suis une femme viscéralement gentille, j'ai un cœur gros comme ça, mais lorsque la colère monte en moi, je suis capable de rentrer dans le décor ! C'est mon caractère chinois.

Chapitre 16
Retour à ZLIN, retour aux sources

« Le renouveau a toujours été d'abord un retour aux sources ».

Romain Gary

Mes filles font partie d'une génération au sein de laquelle il va falloir apprendre à se défendre. Je souhaite ardemment qu'elles demeurent toujours debout, contre vents et marées. Je mets un point d'honneur à transmettre cette résilience à mes petites.

***

Au cours de l'été 2024, nous sommes partis tous les quatre à Zlin pour présenter leur pays d'origine à nos filles, fidèles à nos promesses et à nos convictions.

A cet égard, la clinique nous a fait l'honneur de rédiger un texte relatant notre expérience :

Un voyage au cœur de la vie : retour aux sources pour Jade et Maylee, jumelles nées par don d'ovocytes à notre clinique.

« Quelle joie de recevoir début juillet Jade et Maylee, jumelles de six ans, nées grâce au don d'ovocytes à notre clinique, accompagnées de leurs parents.

Originaires de France, les jumelles ont vu le jour dans le laboratoire de notre clinique il y a sept ans. Lors de leur visite, elles ont eu la chance de découvrir le laboratoire où tout a commencé, un moment magique et émouvant pour toute la famille.

Jade et Maylee ont pu rencontrer le Dr Ondřej Křenek, le gynécologue qui a suivi leurs parents lors de leur traitement de FIV en mai 2017, ainsi que le Dr Stanislav Chovanes, qui a réalisé le transfert d'embryons.

Depuis leur naissance, nous avons gardé un lien privilégié avec leurs parents, échangeant régulièrement des nouvelles.

Et quel bonheur ce fut pour toute l'équipe médicale de les rencontrer et d'avoir vu comment elles avaient évolué.

Pendant leur séjour, nos petites visiteuses ont profité du zoo de Zlin et du parc à cordes d'Otrokovice. Des souvenirs plein les yeux !

La maman de Jade et Maylee est également la référente Sécurité Sociale de l'association française "Les Cigognes de l'espoir", un partenaire précieux pour notre clinique.

Chaque jour, des miracles prennent vie dans notre laboratoire d'embryologie.

Rencontrer les enfants nés grâce à notre travail est une immense récompense. Nous sommes fiers de faire partie de leur histoire.

Merci à Jade et Maylee d'être venues à Zlin en ce début juillet 2024.

Merci à leurs parents de leur avoir raconté cette aventure unique et de les avoir amenées nous voir. Nous vous souhaitons à tous les quatre une vie pleine de bonheur.

L'équipe médicale et les coordinatrices francophones de la clinique de Zlin ».

***

Nous avons été accueillis comme des rois !

Les filles ont eu un coup de cœur pour Ivona, notre référente francophone...

Nos vacances en famille en Tchéquie ont été formidables. A Prague, l'hôtel était génial, ensuite, nous avons pris le bus et le train pour nous rendre à Zlin. Nous étions logés dans l'hôtel de la clinique où nous sommes restés quatre jours.

C'était sympathique, il y avait une belle ambiance, j'ai revu les deux médecins qui s'étaient occupés de moi. C'était très émouvant, j'avais envie de pleurer : je me suis retrouvée sept ans en arrière lorsque je rentrais dans les locaux sans savoir ce qui allait arriver...

Les filles étaient contentes, elles n'ont pas tout compris, mais elles ont saisi que tout s'est déroulé ici. Leur début de vie, au moment de l'implantation des embryons.

Anthony et moi tenons à ce qu'elles gardent contact avec la Tchéquie. Ce sont leurs racines.

Plus tard, j'aimerais qu'elles puissent visiter les locaux et les labos et, pourquoi pas, effectuer un stage là-bas pour comprendre cet ancrage.

L'équipe médicale appelle affectueusement nos filles « Les petites commerciales de Zlin » ! Je suis la seule maman à m'être rendue sur place à ce jour. Les médecins et l'équipe médicale sont reconnaissants de notre démarche.

***

A vous, lecteurs, qui souhaitez de tout cœur vous lancer dans cette aventure au cœur de la vie, je vous dis : « Foncez ! ». Allez jusqu'au bout.

Pour la PMA, il faut parfois aller à l'étranger pour parvenir à devenir parents. Donnez-vous toutes les chances.

Il est important également d'envisager l'échec, et je trouve déplorable que le corps médical ne prépare pas le couple à une éventuelle défaite…

Il existe également la gestation pour autrui (GPA) mais cette pratique est interdite en France.

Je suis persuadée que j'ai des nœuds karmiques liés à mon abandon.

C'est un blocage, ou une leçon qui n'a pas été comprise, lors d'une vie antérieure. L'événement se répète donc. L'univers nous met face aux mêmes situations pour que l'on puisse enfin comprendre.

***

Par ailleurs, lorsqu'un couple n'explore que la PMA et évite le sujet de l'adoption, je leur dis en réunion sans fard : « L'adoption est aussi une solution pour devenir parents. Si le don d'ovocytes ne fonctionne pas, vous avez cette solution ».

***

J'aimerais offrir à mes filles, tout ce dont je n'ai pu bénéficier. C'est une manière élégante de réparer la brisure.

Mon mari a compris à quel point mon activité dans l'association « Les cigognes de l'espoir » est primordiale.

Philippe Roussel, le Vice-Président m'a proposé d'intégrer l'association voilà plusieurs années à titre bénévole et m'a dit :

— Je te nomme chargée de mission, tu expliqueras le process administratif et la prise en charge du parcours.

J'interviens via des webinaires et apporte mon témoignage et mon soutien aux familles dans la difficulté.

Je prends la parole pendant trente minutes en expliquant mon parcours. Je présente aux futurs parents la procédure à suivre et son déroulement. De nombreux parents me demandent souvent d'où je puise cette force de caractère pour accompagner les gens. Cette question m'étonne toujours.

Certaines femmes traversent des montagnes plus hautes à gravir que les miennes et font des fausses couches à répétition.

Certains couples sont même contraints de divorcer. La PMA malmène le mariage et brise beaucoup de personnes. Aimez-vous, prenez soin de vous car la difficulté de l'épreuve peut entraîner des conséquences catastrophiques.

Chapitre 17
A mes filles

> *« Je n'aime pas l'expression devoir de mémoire.*
> *Le seul "devoir" c'est d'enseigner et de transmettre ».*
>
> Simone Veil

L'écriture de ce livre me tient à cœur et me travaille beaucoup.

J'ai souhaité le rédiger avant tout pour mes enfants, afin qu'elles aient une trace de mon existence, de mon parcours et de mes questionnements.

Ce livre fera office de transmission ; si financièrement je ne peux pas leur transmettre des biens matériels, elles hériteront au moins de ce bien précieux !

C'est très important à mes yeux que Jade et Maylee connaissent mes racines et mon histoire. Je souhaite plus que tout leur transmettre mon héritage dans ce livre, pour qu'elles connaissent mes joies, mes travers, ma relation avec maman, mes peurs aussi et qu'elles prennent possession de leur histoire.

J'aimerais prendre le contrepied de ce que j'ai vécu et essayer d'accompagner mes filles au mieux. Leur père et moi leur demandons de bien travailler en classe, c'est important pour leur avenir.

Il leur faudra cultiver le modèle de celles et ceux qui ont réussi par eux-mêmes. J'espère qu'elles s'auront s'offrir une bonne situation.

Avec le temps, j'ai compris que ma mère biologique qui m'a menée à l'orphelinat m'a sauvée. C'était une preuve d'amour de sa part parce qu'elle ne pouvait pas faire autrement.

J'aimerais que Jade et Maylee demeurent proches l'une de l'autre en tant que jumelles, tout en étant indépendantes, comme deux œufs différents.

A l'heure où j'écris ces lignes, j'ai le regret de ne pas être proche de ma sœur. La vie tout simplement…

***

Mes filles, Mes princesses,
Soyez indépendantes !
Vous serez souvent seules dans la vie.
Ne dépendez de personne même si vous avez la chance d'être deux.

Il vous faudra être autonomes et indépendantes. N'attendez rien de personne.
Relevez-vous seules.

Même les personnes de la famille sont des gens de passage.

Ne compter que sur soi, c'est dur, mais c'est ma philosophie de vie.

***

Ainsi que je l'ai écrit précédemment, la loi tchèque impose le don anonyme. Nous savons uniquement que la donneuse est une étudiante à l'université.

***

Un abandon n'est jamais une chose aisée ; j'aurais tant aimé retrouver ma mère biologique pour comprendre ce qui s'est passé.

Je crois que lorsque ce livre paraîtra, et qu'il sera entre les mains des lecteurs, il me guérira d'une certaine façon.

S'il parvient à trouver son public, ce sera un deuxième cadeau. Avec l'écriture, on peut guérir.

Cet ouvrage fut aussi ma thérapie.

Mon vœu le plus cher serait que ce livre apporte une touche d'espoir aux personnes qui suivent le parcours de PMA, mais également à tous ceux qui ont vécu une forme d'abandon.

L'année prochaine, nous partirons en Thaïlande en famille. Je rêve de faire connaître mon pays d'origine à mes enfants, leur montrer que je suis née quelque part autour de Bangkok, qu'elles découvrent des nouveaux paysages.

Remerciements et crédits photos

Ecrire ce livre avec Sandra Bensoussan a été une belle aventure, et j'en suis reconnaissante. Sandra a rendu ce projet possible. Merci Sandra, ma plus belle plume.

Je tiens à remercier les personnes qui ont accepté de livrer une partie de leur vie pour raconter la mienne.

Je remercie également l'association « Les cigognes de l'espoir » pour leur confiance, l'équipe médicale de la clinique de Zlin, Luc et Marc du Musée du Grand Blockhaus.

Un merci spécial à mon époux Anthony avec qui nous avons traversé des moments difficiles, un grand salut à sa patience, son amour.

Enfin, je tiens à remercier les lectrices et lecteurs qui manifesteront leur intérêt en lisant ce livre. J'espère que mon histoire vous touchera et vous apportera de l'espoir, et du plaisir dans cette lecture.

Charoey

TABLE DES MATIÈRES

AVANT-PROPOS 9

CHAPITRE 1 – Vous accompagner
sur le chemin de l'espoir 11

CHAPITRE 2 – Bangkok,
la cité des anges où tout à commencé 17

CHAPITRE 3 – Les bancs de l'école 23

CHAPITRE 4 – Maman 27

CHAPITRE 5 – Les valeurs familiales 31

CHAPITRE 6 – Roissy-Charles de Gaulle,
je prends mon envol 35

CHAPITRE 7 – Mysticisme 43

CHAPITRE 8 – La digitopuncture 47

CHAPITRE 9 – Le Blockhaus,
un lieu chargé d'histoire 51

CHAPITRE 10 – Désir d'enfant 69

CHAPITRE 11 – Le don d'ovocytes 75

CHAPITRE 12 – Départ pour la Tchéquie 83

CHAPITRE 13 – Deux jolis embryons !.................... 89

CHAPITRE 14 – Maylee et Jade............................... 95

CHAPITRE 15 – Ne jamais mentir.......................... 99

CHAPITRE 16 – Retour à Zlin,
retour aux sources 105

CHAPITRE 17 – A mes filles..................................... 111

REMERCIEMENTS ET CRÉDITS PHOTOS 115